STRATEGIE DEL FOREX

STRATEGIE DEL FOREX

 STRATEGIE DEL FOREX

CONTENUTI

Che cos'è il trading Forex?

Importanza del trading Forex

Quattro principali tipi di ordini nel mercato Forex

Movimenti dei prezzi del trading Forex: come e perché i mercati si muovono e come trarre profitto

- Prevedi le tendenze della spesa Forex
- Il mercato obbedisce alle leggi scientifiche
- Gli affari possono essere fatti dalle notizie
- Tendenze attuali di spesa
- Vinci il concorso
- Sii imperfetto ma mai un perdente

Trader Forex: la necessità di essere obiettivi

- Strumenti per scambiare Forex
- La strategia delle tre linee di tendenza

Come vincere con il Forex: i segreti passo dopo passo

- Il successo viene dall'interno
- Disciplina e perdite
- Un vantaggio commerciale

STRATEGIE DEL FOREX

- Il successo è nelle tue mani

I pericoli di essere emotivi sul trading Forex

Strategia di trading Forex - Analisi del canale

Forex Killer vs. Forex

Strategia di potere

Il momento giusto nel trading Forex

- Uso corretto di supporto e resistenza
- Perché acquistare basso e vendere alto non funziona
- Devi avere il fegato, ma fai soldi

L'importanza dei grafici Forex in tempo reale

Calcolo degli interessi su

Forex trading

I vantaggi del trading Forex automatizzato

Scegliere il giusto software di trading Forex automatizzato

Che cos'è il trading Forex?

Il trading Forex comporta il trading di valute internazionali. Qui puoi vendere la valuta di un paese per acquistare quella di un altro. Il trader negozia le valute [Forex] nel momento più appropriato per beneficiare della transazione. Una buona capacità di previsione gioca un ruolo chiave in questo senso. Ci si potrebbe chiedere come il trading Forex possa essere un'opportunità di profitto così redditizia poiché le fluttuazioni nello scambio sono così piccole.

Ma ricorda, quando fatto in grandi volumi, un piccolo cambiamento può fare molto. Ha anche molti vantaggi non monetari. Chiunque voglia negoziare nel Forex può farlo, poiché è richiesta solo unaconoscenza di base.

 STRATEGIE DEL FOREX

Il Forex può aiutarti a guadagnare molti soldi. Ma ci sono alcune condizioni da seguire prima di fare trading sul Forex. Innanzitutto, è necessario avere una conoscenza approfondita delle tendenze del mercato azionario, i fondamenti del trading e la capacità di assumersi dei rischi. Riceverai tutto l'aiuto necessario per raggiungere queste condizioni molto facilmente.

Ci sono molti siti su Internet che possono aiutarti a chiarire i tuoi fondamenti e aiutarti ad affrontare ogni dubbio. Un buon motivo per cui il trading Forex può essere preso in considerazione è il fatto che ci sono frequenti fluttuazioni nelle valute, sebbene in termini percentuali possano essere piccole.

Vinci se la fluttuazione ti favorisce e anche il contrario è vero. Nessuno può prevedere con precisione l'andamento delle monete. La liquidità è un altro motivo per cui il trading Forex è così popolare.

Ora la parte più importante - nel Forex, puoi fare ingenti somme di denaro anche se il tuo investimento iniziale è di un livello inferiore. Puoi investire fino a $ 50.000. I ricchi non hanno un limite alla quantità di investimenti. Quindi ricorda che anche con un investimento nominale, la capacità di guadagno è sicuramente molto grande.

La maggior parte delle grandi aziende sono collegate al mondo di Internet oggi e il trading Forex non fa eccezione. Puoi scambiare valute da casa. In effetti, è fatto interamente online. Hai la libertà di scegliere quando vuoi fare trading e non devi rispettare alcuna scadenza.

Fondamentalmente puoi essere il tuo capo. Il processo di trading online è abbastanza semplice da essere compreso da chiunque.

Hai solo bisogno di aprire un conto per negoziare Forex con un broker riconosciuto e completeranno il resto delle formalità. Tutto quello che devi fare è prepararti con l'importo del tuo investimento.

Pertanto, è chiaro che il trading Forex può essere una delle migliori aziende per fare soldi. Sebbene vi sia un livello di rischio associato, ma può essere evitato con la dovuta cura e una mente attenta!

Importanza del trading Forex

In valuta estera [Forex] comporta il cambio di diverse valute estere per realizzare un profitto. Il motivo per acquistare la valuta di un altro paese potrebbe essere la necessità di acquistare merce anche da quel paese, oltre a guadagnare denaro attraverso la differenza dei tassi di cambio.

In quest'ultimo caso, le persone acquistano valuta da un paese straniero quando il tasso di mercato è basso e lo vendono quando i tassi aumentano. Il commercio di valuta viene normalmente condotto tra banche centrali, governo, speculatori e società multinazionali. Le nazioni non possono commerciare tra loro senza la presenza di un mercato estero.

Una grande quantità di denaro viene scambiata quotidianamente sul mercato Forex, anche se l'importo investito da un singolo operatore può essere molto basso. Nessuno individualmente può influenzare le fluttuazioni del Forex, nemmeno il governo. Pertanto, si può facilmente concludere che il livello della valuta riflette la forza o la debolezza dell'economia di un paese. Questo rende il mercato Forex un buon posto per la concorrenza.

Il governo e la banca centrale cercano di stabilizzare la valuta del loro paese speculando, comprando e vendendo monete al momento giusto. Tuttavia, possono influenzare il mercato effettuando negoziazioni ad alto volume. Per acquistare la propria valuta, tuttavia, il governo o la banca centrale devono disporre di enormi riserve di valuta estera. Pertanto, è praticamente impossibile gonfiare artificialmente il valore della moneta.

Le banche fanno molto trading di valuta e questo fa parte del volume del mercato Forex. Comprano valute non solo come entità individuali, ma anche per conto dei loro clienti. Commerciano con molti futuri. Fino a pochi anni fa, i broker potevano influenzare i volumi degli scambi sul mercato Forex. Ma a causa dei servizi elettronici disponibili oggi, i servizi di broker non sono necessari. È facile da usare elettronicamente.

Il trading con paesi internazionali è possibile solo con l'esistenza di mercati Forex. Quando non esiste un mercato Forex, non esiste una valuta comune tra due paesi, quindi uno non può valutare il valore di una valuta rispetto all'altra.

L'acquirente paga il venditore nella valuta del venditore. Con i soldi così ricevuti, il venditore acquista beni nel paese dell'acquirente e li vende nel suo paese [venditore].

Solo allora puoi scoprire quanto hai guadagnato dall'esportazione. Tuttavia, in presenza di un mercato Forex, è molto facile per un venditore conoscere i propri guadagni nel momento in cui effettua un'operazione di esportazione. Allo stesso modo, l'acquirente avrà anche una conoscenza approfondita dei costi che dovranno essere sostenuti per l'acquisto di beni da un paese internazionale.

Quattro principali tipi di ordini nel mercato Forex

Esistono molti tipi di ordini che gli operatori possono effettuare per eseguire transazioni nel mercato Forex, al fine di ottenere benefici da essi.

Ordine di mercato

L'ordine di mercato è il più semplice e più comune. In questo caso, l'operatore acquista e vende la valuta al tasso di cambio prevalente sul mercato al momento dell'ordine. A causa delle grandi dimensioni del mercato e dell'alta volatilità, le tendenze possono essere invertite in qualsiasi momento, quindi le persone preferiscono effettuare ordini al prezzo di mercato per proteggersi da eventuali tendenze avverse.

Ordine di restrizione

In questo caso, il trader specifica un prezzo al quale potrebbe voler acquistare o vendere la valuta. Supponiamo che un operatore abbia acquistato GBP contro USD a 1.9710, quindi può effettuare un ordine di vendita a 1.9725, quando lo scambio esegue l'ordine e ne trae vantaggio. L'ordine verrà annullato se il prezzo target non viene raggiunto durante il giorno.

Stop Loss Order

A causa della volatilità, gli stop loss sono essenziali. Determinano la perdita massima che un commerciante è disposto a subire. Supponiamo che nel caso di cui sopra, la capacità di rischio dell'operatore sia bassa, quindi può collocare uno stop loss a 1.9705, a quale livello lo scambio registrerà perdite per lui e non sarà influenzato da alcun calo inferiore a 1, 9705.

Ordine di entrata

Questo ordine viene eseguito solo quando sono soddisfatte determinate condizioni di mercato, che l'ordine specifica. L'ordine di entrata può essere un ordine di entrata limite o addirittura un ordine di entrata stop.

Limitare l'ordine di entrata

Ad esempio, supponiamo che l'attuale prezzo di mercato per GBP / USD sia 1,9705-10. Ciò implica che il commerciante può effettuare transazioni a questi livelli. Qui, un trader può effettuare un ordine di entrata limite per vendere le sue azioni ad un prezzo superiore al prezzo di mercato, diciamo 1.9715. Il tuo ordine verrà eseguito solo se viene raggiunto quel prezzo. Allo stesso modo, è possibile effettuare un ordine di acquisto a un livello, diciamo, 1.9700, e il tuo ordine di "acquisto" rimarrà in sospeso fino a quando il prezzo non scenderà a quel livello.

Mandato di arresto d'ingresso

Questo ordine viene generalmente utilizzato quando il trader ha buone ragioni per ritenere che la valuta sia negoziata in un intervallo fisso e ritiene che sia sull'orlo di un breakout da tale intervallo. Potresti voler acquistare ad un prezzo superiore al prezzo di mercato o vendere ad un prezzo inferiore al prezzo di mercato. Nello stesso esempio, il trader può andare avanti e acquistare a 1.9720 o vendere a 1.9690, dove ritiene che una volta raggiunti questi livelli, la valuta aumenterà o diminuirà ulteriormente, a seconda dei casi. Un trader esercita l'ordine di stop entry solo quando ha ragionevoli motivi per credere che ci saranno movimenti bruschi nei tassi di cambio nel mercato Forex.

STRATEGIE DEL FOREX

Movimenti dei prezzi del trading Forex: come e perché i mercati si muovono e come trarre profitto

Comprendere le tendenze della spesa Forex non è facile. Gli uomini d'affari hanno spesso idee sbagliate e fanno programmi basati su di essi e subiscono perdite. Quanto segue può aiutarti a capire le tendenze:

 STRATEGIE DEL FOREX

Prevedi le tendenze della spesa Forex

Gli uomini d'affari osservano un certo livello e saltano su di esso pensando che sia stabile. Tuttavia, questo è semplicemente basato su ipotesi e non funziona mai nel settore Forex. Non esiste una previsione accurata.

Se l'obiettivo è vincere, devi basare l'azienda su tendenze di spesa sicure. In relazione a ciò, ci sono alcuni fattori elencati di seguito.

Il mercato obbedisce alle leggi scientifiche

C'è un'idea che ritiene che le tendenze del mercato siano basate sulla logica. Alcuni credenti sono Gann, Elliot e i seguaci di Fibonacci.

Tuttavia, se tutti sapessero tutto, i prezzi non sarebbero mai stati una sorpresa e i mercati sarebbero inesistenti. Il profano avrebbe accettato queste idee e i loro fantastici suggerimenti. Tuttavia, i fatti dicono il contrario.

Gli affari possono essere fatti dalle notizie

Non è consigliabile, poiché la notizia è insignificante. Il modo in cui la notizia dovrebbe decidere i movimenti. Vediamo come si verificano le tendenze.

Tendenze attuali di spesa

Concetti di base + Visione individuale di essi = Tendenze del mercato Forex

Le persone raramente sono razionali. Spesso funzionano emotivamente, quindi il ragionamento logico non è sempre vero. La vera psicologia umana è coerente, ma questi problemi non hanno logica:

1. Le persone spingono i costi all'estremo e questi waypoint possono essere utilizzati con profitto.

2. Andare avanti con gli affari. Non entrare negli enigmi.

Vinci il concorso

Il Forex è uno sport e la competizione si basa sull'opportunità. Potresti non essere in grado di determinare le possibilità, ma non perderai mai.

Questo non si applica a tutti i casi, ma prova situazioni ad alta probabilità e vincerai sicuramente la torta con una perdita molto piccola. Guadagna grandi profitti a tempo debito.

L'avidità e il panico fluttuano i costi, creando punti che sono visibili nei programmi Forex e che possono essere utilizzati con profitto.

È un gioco in modo che quando i prezzi oscillano dalla tua parte, ti metti al lavoro. Controlla bene le tue finanze ed essere un vincitore.

STRATEGIE DEL FOREX

Sii imperfetto ma mai un perdente

I mercati Forex sono pieni di coloro che provano a indovinare e cercano di ottenere un numero di tendenza non dichiarato inesistente. Anche se le tendenze della spesa Forex sembrano disordinate, basare la tua attività sulle fluttuazioni dei costi ti renderà un vincitore.

Potrebbe non essere un affare ideale per molti, tuttavia, se fatto bene, puoi fare molti soldi attraverso il trading di valuta.

Trader Forex: la necessità di essere obiettivi

È difficile per i commercianti di Forex rendersi conto che il mercato valutario è estremamente imprevedibile. Dato che i nuovi trader trascorrono molto tempo a cercare di apprendere le meccaniche del trading valutario e a concentrare il loro tempo ed energia nel tentativo di trovare un metodo per prevedere i movimenti, si aspettano naturalmente che ci siano regole per governare il movimento del mercato. Questo non è il caso, molti trader sono in svantaggio.

Mentre i trader Forex hanno a disposizione una serie di strumenti che consentono loro di giudicare il momento giusto per aprire o chiudere una posizione, molti preferiscono fare affidamento su un singolo strumento.

Quindi, quando aprono una posizione, osservano il loro indicatore preferito e, in larga misura, basano le loro decisioni commerciali esclusivamente su di esso, ignorando gli altri.

Funziona abbastanza bene fino a quando quell'indicatore non inizia a dirti qualcosa di diverso da quello che sono gli altri. I trader catturati in una posizione aperta che il loro strumento preferito dice loro di tenere spesso lo faranno, nonostante il fatto che altri strumenti dicano loro di chiudere e uscire dal mercato, e alla fine perderà denaro.

Il problema di base, ovviamente, è che l'operatore non sta guardando il mercato così com'è, ma attraverso l'obiettivo delle proprie aspettative in questo senso e anche usando il suo indicatore preferito per rafforzare quelle idee invece di guardare al quadro generale. E, sostenuto dal fatto che l'indicatore scelto è la previsione dei profitti che vuole, l'operatore si sta concentrando più sul denaro che sul mercato.

Se il mercato Forex non fosse imprevedibile, collasserebbe perché tutti i trader ne trarrebbero beneficio in ogni momento. Esistono molti strumenti che possono aiutare i trader a prevedere la direzione del mercato e in generale a svolgere un lavoro efficiente. Ma anche nelle mani dei trader più esperti, gli strumenti migliori a volte non riescono a prevedere correttamente i movimenti del mercato.

Perdere nel trading a causa di una previsione del mercato sbagliata è una parte innata del trading Forex e gli operatori devono accettarlo. Inoltre, devono imparare a evitare di trovarsi in una posizione in cui non hanno molte opzioni.

Per fare ciò, il trader deve accettare il fatto che il mercato forex ha una propria mente e gli operatori devono seguire i suoi movimenti piuttosto che cercare di farlo andare nella direzione che vogliono.

Strumenti per scambiare Forex

Non esiste un unico strumento super intelligente per negoziare Forex che ti dia profitti, e sempre più profitti. L'unica soluzione possibile è utilizzare una combinazione di strumenti diversi per identificare forze di mercato favorevoli e ottenere un numero massimo di operazioni ad alta probabilità per un periodo di tempo. Le linee di tendenza sono lo strumento di trading Forex più popolare e affidabile di cui molti trader di successo testimoniano.

 STRATEGIE DEL FOREX

La strategia delle tre linee di tendenza

Le linee di tendenza sono uno strumento importante per identificare e confermare le tendenze nell'analisi tecnica. È una linea retta che collega due o più punti di prezzo e poi si estende nel futuro per guidarti.

Ci saranno linee tracciate attraverso minimi significativi in una tendenza al rialzo e massimi significativi in una tendenza al ribasso. Per classificare più o meno le linee di tendenza, possiamo dividerle in tre: linee di tendenza a breve termine, linee di tendenza a medio termine e linee di tendenza a lungo termine.

1. Linee di tendenza a breve termine

Traccia queste linee attraverso i due minimi più recenti per una tendenza al rialzo o attraverso i due massimi più recenti per una tendenza al ribasso. Le migliori osservazioni sono in un intervallo di tempo più breve, come un grafico di 15 o 30 minuti.

2. Linee di tendenza a medio termine

È meglio visualizzarli in un intervallo di tempo più elevato, ad esempio in un grafico di 60 minuti. Collega l'azione di prezzo più vicina all'azione di prezzo significativa più vicina all'azione di prezzo corrente con l'azione di prezzo significativa precedente in una tendenza rialzista o l'azione di prezzo significativa più vicina all'azione di prezzo corrente all'azione di prezzi significativi precedenti in una tendenza al ribasso.

3. Linee di tendenza a lungo termine

Utilizza intervalli di tempo più elevati come il grafico a 4 ore o il grafico giornaliero per disegnare linee di tendenza a lungo termine utilizzando lo stesso metodo delle linee di tendenza a medio termine. La linea di tendenza a lungo termine è considerata uno strumento efficace per il trading di Forex. Il grafico giornaliero è utilizzato principalmente dagli operatori di grandi istituzioni che di solito non effettuano piccoli movimenti a livello infragiornaliero.

Tracciando una linea di tendenza su un grafico giornaliero puoi analizzare graficamente dove si trova il prezzo e dove è probabile che rimbalzi. Ma usa le linee di tendenza come strumento per negoziare Forex con cautela e discrezione. Coprire i grafici con tutte le possibili linee di tendenza si tradurrà in confusione e analisi sfocata.

Non è una buona idea fidarsi completamente di una linea di tendenza a breve termine. Ti danno semplicemente un quadro nitido dell'azione attuale dei prezzi. Questi spesso si rompono nel corso della giornata. Il suo uso principale è fornire una rappresentazione grafica chiara e immediatamente riconoscibile del comportamento attuale dei prezzi.

Se noti che il prezzo esegue nuovamente il test di una linea di tendenza negli intervalli di tempo più elevati, osserva altri fattori. Disegna linee orizzontali per contrassegnare il supporto e la resistenza dei tasti usando i precedenti saliscendi. Disegna i livelli di rintracciamento e estensione di Fibonacci. Calcola i punti di svolta giornalieri e inseriscili nel tuo grafico. Avere il 200 EMA (media mobile esponenziale) visualizzato sui grafici.

 STRATEGIE DEL FOREX

Come vincere con il Forex: i segreti passo dopo passo

Quando il 95% dei commercianti perde denaro, cosa ti fa pensare di poter vincere? Per vedere le tue possibilità di successo come trader Forex, ecco una lista di controllo per farti vedere e diventare uno dei trader d'élite, che realizzano enormi profitti nel lungo periodo.

Di seguito sono riportati alcuni modi per perdere denaro. Potresti voler cambiare idea immediatamente se stai pensando di provarne uno. Fallo per evitare perdite e continua la tua formazione sul Forex!

1. Seguire un robot Forex con guadagni simulati - Apparentemente puoi raggiungere il successo senza alcuno sforzo, come

promesso da loro. Viene richiesto di accettare i record di tracciamento simulati eseguendo il backup. Il tuo capitale sarà distrutto testandoli.

2. Day trading e scalping - A causa della volatilità casuale a breve termine, semplicemente non funziona. Come i robot, anche le persone che li vendono hanno sempre una storia simulata.

Molti di questi rientrano nella categoria del tentativo di trovare qualcun altro che avrà successo. Questo non funziona nei mercati valutari.

Oltre ad avere bisogno di un vantaggio commerciale, devi anche capire i modi e le ragioni che portano al successo. Diamo un'occhiata a questo in dettaglio.

Il successo viene dall'interno

La combinazione di un aiuto semplice e solido per la comprensione e il trading con la disciplina è ciò che riguarda il trading di valuta.

Devi sapere cosa stai facendo per commerciare con disciplina. Questo si traduce in fiducia, che sicuramente non si ottiene da qualcuno che ti dice cosa fare. Guadagni fiducia attraverso le tue conoscenze e il tuo apprendimento.

Disciplina e perdite

Dal momento che devi continuare a eseguire segnali di trading attraverso periodi persi, la disciplina è difficile. Questo deve continuare fino a quando non si arriva a casa, anche quando il mercato ti tradisce e prende i tuoi soldi.

Un vantaggio commerciale

Ciò che separa il tuo sistema di trading valutario dai perdenti del 95% è il tuo vantaggio commerciale. Puoi rispondere a ciò che rappresenta il tuo vantaggio commerciale e in che modo ti aiuterà a battere la maggioranza. Non ne hai uno se non sai di cosa si tratta.

Pochi riescono a cercare semplicemente il trading di valuta. Questi elementi sono presenti nella strategia aziendale dei vincitori:

Utilizzando un sistema di trading di valuta semplice e robusto

- Avere solide basi nei fondamenti del commercio di valuta

- Scopri esattamente perché il tuo sistema porterà al successo

- Abbi fiducia e disciplina per seguire il tuo piano

- Sapendo che solo loro sono responsabili del tuo successo nel trading Forex

Devi essere solo, avere fiducia nelle tue azioni ed essere disciplinato per seguire il tuo piano nel trading di valuta.

Il successo è nelle tue mani

Sembra semplice, tuttavia, dipende davvero dal tuo approccio al trading di valuta - con la giusta mentalità e ottenere la giusta istruzione. Il trader supera se stesso, piuttosto che il mercato battendo il trader nel trading di valuta.

Impara le basi, ottieni il sistema giusto, sii sicuro, ottieni un vantaggio e sii disciplinato. Fai tutto questo per goderti il successo del trading di valuta.

I pericoli di essere emotivi sul trading Forex

Emozionarsi in borsa è la cosa peggiore che può accadere agli investitori. Lo stesso vale per i commercianti di Forex. Vedere perdite di carta nel commercio quotidiano è abbastanza comune.

Una volta presa la decisione di acquistare qualcosa e perdere, continui a resistere anche se le situazioni vanno di male in peggio, solo perché senti che le cose potrebbero tornare a tuo favore. Il problema principale qui è che la decisione di rimanere in un'operazione perdente per lungo tempo è emotiva, poiché non si ha voglia di accettare una perdita ed uscire dall'operazione.

Il mercato Forex è ampiamente influenzato dal mercato generale e dovresti sempre fare trading in base a indicazioni basate sul mercato e non solo avviarne uno come ti dice il cuore. A volte, potresti essere così emotivamente legato a una determinata valuta nel mercato Forex che la maggior parte della tua esposizione al mercato Forex sarebbe in quella particolare valuta.

Non c'è nulla di sbagliato, come se avessi ragionevoli motivi per credere che la moneta andrà bene, quindi trarrai davvero beneficio dal cambiamento. La "cosa sbagliata" è aprire uno scambio in una valuta solo perché il tuo cuore te lo dice.

Nel caso, se ti senti fortemente nei confronti di qualsiasi valuta, allora è meglio controllare la realtà tenendo conto di ciò che indica il mercato. Questo ti darà una chiara idea se devi o meno scambiare quella valuta.

La cosa fondamentale da ricordare è che una volta avviata un'operazione e si stanno verificando perdite di carta e, secondo tutte le indicazioni, è probabile che le cose peggiorino ancora per te, quindi è molto meglio tenere conto delle perdite e uscire da esso invece di attenersi ad esso fino al punto in cui alla fine si è in grado di vedere alcuni guadagni. Ricorda, i mercati hanno poco spazio per le emozioni.

Il trading Forex non è una situazione vantaggiosa per tutti. Preparati a perdere anche in alcune operazioni. Questo è il modo preciso in cui funziona il mercato. Non è davvero una questione se hai ragione o no, il fatto è che i mercati si muovono in modi inaspettati e hanno la capacità di sorprendere le persone quando meno se lo aspettano. Tutti i fondamenti e persino l'esperienza possono essere gettati in aria quando i mercati decidono di fare qualcosa.

Quindi segui le indicazioni fornite dal mercato. Se ritieni che dopo aver avviato un'operazione, le cose non stiano andando come previsto, riserva le tue perdite ed esci. Puoi investire l'importo in qualche altra operazione e realizzare buoni profitti invece di mantenere l'operazione persa.

Strategia di trading Forex - Analisi del canale

Il sistema Forex è il più grande commercio mondiale. Approfitta di alcune mosse per gli uomini d'affari per guadagnare bene. Un'agenda commerciale Forex accettata che viene utilizzata abbastanza proficuamente negli affari si chiama Channel Breakout.

Canali di trading Forex - I canali sono costituiti da percorsi programmati per tracciare la matrice in cui era stato effettuato lo scambio in un periodo di tempo. Possono essere facilmente costruiti. Osserva la cronologia nel tempo e traccia le linee che collegano le spese commerciali in contanti relativamente elevate e verso il basso sul collegamento delle spese commerciali in contanti relativamente basse. Questo ti darà un quadro della matrice aziendale esistente per un periodo di circa sei mesi.

Breakout del canale - Una volta che il valore di scambio aumenta attraverso la linea di picco della rete, si verifica una perdita di rete crescente. Inoltre, una volta che il valore scende al di sotto del punto più basso della rete, si ottiene una perdita al ribasso dalla rete. Le fughe di rete si verificano su e giù. Con sufficienti informazioni Forex con controllo scientifico, tutti possono utilizzare il processo per ottenere un'agenda commerciale di scambio a pagamento.

I canali devono essere costruiti con molta attenzione. Ogni incontro di linee non indica un'uscita adeguata. Se c'è qualche errore nella costruzione della linea, quello che vedi sono affari al di fuori del genitore, che ti riporta semplicemente dentro. Pertanto, prima di tutto, ottieni sufficienti conoscenze sul Forex.

Guadagnato controllo dei canali Forex: quando scopri come funzionano le reti, si verificano profitti. Costruisci il business con abbastanza pause. Quindi, in caso di segnale di perdita errato, otterrai perdite tollerabili o, se la fortuna ti favorisce, un profitto molto basso.

Ma se sei sul lato destro di una corretta interruzione di rete, il piccolo difetto che hai ricevuto verrà rimosso e otterrai un profitto buono e soddisfacente.

Qualsiasi azionista di affari Forex che valga il proprio nome capitalizza sulle perdite di canale. Nel caso in cui desideri essere pagato sui mercati valutari, dedica un certo tempo all'educazione Forex per costruire questo programma e vari processi di controllo tecnologico.

Ciò rafforzerà le agende di scambio, con conseguenze benefiche. Se non hai tempo per comprendere appieno le scommesse e i rendimenti contenuti in un'agenda commerciale Forex, potresti non ottenere le conseguenze desiderabili. Come puoi vedere, il tuo profitto dipende da te.

Forex Killer vs. Forex Strategia di potere

Per coloro che sono interessati all'enorme mercato valutario da $ 3 trilioni al giorno, è risaputo che per rimanere dalla parte giusta del mercato Forex ciò di cui hai bisogno è scoprire costantemente nuovi piani per minimizzare le tue perdite e massimizzare i tuoi guadagni e adeguati sempre in modo da poter sfruttare ogni opportunità per ottenere una quota maggiore della torta.

La formula ForexAssassin e il corso ForexPowerStrategy sono due degli strumenti di trading di valuta più utilizzati. Questi due strumenti hanno ricevuto grandi critiche, ma i loro principi operativi sono completamente diversi. Come trader Forex, come comprenderesti qual è lo strumento migliore per te? Per aiutarti a uscire dalla tua confusione, continua a leggere.

La formula del ForexAssassin è progettata come una soluzione ai problemi dell'uomo indaffarato nel trading di valuta. Questo strumento è ideale per una media di 9 a 5 professionisti che desiderano generare entrate aggiuntive attraverso il trading Forex, ma non possono raccogliere il tempo per monitorare i mercati durante il giorno o studiare formule tecniche complesse, analisi e grafici.

ForexAssassin è una strategia semplice e conveniente che può essere utilizzata con scarsa o nessuna comprensione di come funziona davvero il mercato. Di solito ci vogliono circa un quarto d'ora ogni settimana per preparare e assegnare una strategia di trading, dopo di che devi solo rilassarti e lasciare che il mercato faccia il suo lavoro.

È molto semplice, ma d'altra parte è anche abbastanza limitato, dal momento che non è necessario avere molta conoscenza del mercato. L'obiettivo è consentire al manichino di guadagnare denaro limitato minimizzando le possibilità di perdita, che tuttavia non è il modo migliore per guadagnare più denaro.

Al contrario, lo strumento ForexPowerStrategy offre un corso dettagliato e approfondito sulle dinamiche di mercato e sull'economia. Tiene conto di una grande quantità di materiale e include tutti i livelli commerciali. Di conseguenza, è necessario un grande investimento di tempo e attenzione per sfruttare al meglio il corso e assorbirne le lezioni. Quindi, a meno che tu non possa dedicare abbastanza tempo ad esso, lo strumento Forex Energy Strategy non fa per te.

Ma in cambio, sei sicuro che alla fine del corso avrai acquisito una comprensione migliore e più solida di come funziona il mercato, e quindi il tuo potenziale di guadagno sarà corrispondentemente maggiore.

Ma non importa quale strumento scegliate, utilizzare uno dei due è meglio che negoziare ciecamente il mercato e finire con grandi perdite.

 STRATEGIE DEL FOREX

Il momento giusto nel trading Forex

Quando vedi un'opportunità commerciale, il fattore decisivo è sapere esattamente quando acquistare. Sfortunatamente, questo è il punto in cui la maggior parte delle persone perde l'argomento temporizzando i livelli di input in modo improprio. Ma ecco alcune linee guida di base per aiutarti in quei momenti cruciali:

Uso corretto di supporto e resistenza

Se si tenta di utilizzare la regola fondamentale del mercato azionario -

"compra basso, vendi alto" - nel trading Forex, perderai effettivamente denaro. Per capire è necessario sapere come funziona il sistema di supporto e resistenza.

Un prezzo di supporto è un prezzo storicamente provato al quale i trader intervengono e acquistano, al fine di "sostenere il mercato". Più volte viene testato questo prezzo, più sarà negoziabile il prezzo di supporto.

Al contrario, un livello di resistenza è definito come un livello al quale "i prezzi hanno resistito all'aumento". Anche in questo caso, più volte viene testato questo livello, più sarà affidabile.

Perché acquistare basso e vendere alto non funziona

Il motivo per cui questa saggezza tradizionale è controproducente nel trading Forex è che se davvero aspetti che i prezzi scendano, finirai per perdere alcune delle migliori opportunità di guadagno. Considera: quando una valuta inizia a recuperare, quali sono le probabilità che si ritiri?

E se non lo fa e si stabilizza? Se continui ad aspettarti un prelievo, potresti finire per non entrare mai nel trading perché la maggior parte delle variazioni valutarie si verificano da nuovi massimi di mercato e senza alcun prelievo.

Quindi, se hai intenzione di focalizzare la tua strategia di trading Forex sull'attesa di un ingresso a prezzi di supporto, svegliati! Puoi perderele operazioni più redditizie. Ciò a cui la tua strategia di trading Forex dovrebbe mirare è piuttosto "compra alto e vendi più alto", cioè dovresti provare a fare il contrario completo di quello che fanno le persone in generale. Prova a controllare eventuali progressi nel supporto e nella resistenza, quindi vendi e acquista ciò che è appropriato.

Devi avere il fegato, ma fai soldi

La politica di andare contro la folla richiede coraggio per esercitarsi. Ma pensa alla strategia con la testa fredda e vedrai che è la cosa più logica che puoi fare. Quante volte hai sentito parlare di operatori che acquistano supporto, ma il mercato continua la sua caduta libera, interrompendo il supporto?

E ancora una volta, non hai mai sentito parlare del prezzo che continua a salire e non raggiunge mai il supporto, facendo perdere al trader il vantaggio di approfittare della tendenza?

Quindi, invece di essere tradizionali e perdere denaro, è più facile adottare la politica di breakout: non ti sentirai a tuo agio entrando, ma guadagnerai denaro. Il trucco è rompere il modello che stabilisce la maggioranza perdente e fare ciò che è produttivo e logico considerando la risposta comune e prevedibile.

L'importanza dei grafici Forex in tempo reale

Vuoi fare soldi nel mercato valutario? Per raggiungere questo obiettivo, è necessario possedere una conoscenza tecnica approfondita, focalizzata sulla capacità di tenere traccia dei tassi di cambio, attraverso l'interpretazione dei grafici forex reali.

Se sei un dilettante in questo campo, dovresti scoprire rapidamente autentici grafici forex da Internet o puoi optare per grafici forex reali gratuiti. L'opzione migliore, tuttavia, è quella di prendere l'aiuto del software di riconoscimento delle carte gratuito e padroneggiarlo, sei ben preparato per questo business.

I grafici forex online ti tengono aggiornato sui valori di valuta in qualsiasi momento, anche tra brevi periodi di tempo, come minuti e lunghi intervalli, come più anni. I grafici che rappresentano le fluttuazioni delle tariffe sono grafici a linee o grafici a barre o grafici a candele.

I grafici a linee sono facili da interpretare e ti aiutano a rivedere in modo completo gli alti e bassi dei prezzi. Ti aiuta a seguire l'attuale tendenza del movimento del tasso di cambio. Al contrario, i grafici a barre non sono lucidi come i grafici a linee, ma forniscono informazioni molto dettagliate.

Per riassumere, la lunghezza di un grafico a barre rappresenta la quantità di aumento o di riduzione del prezzo e l'ampiezza indica la durata, a dimostrazione di ciò. Le percentuali di inizio e fine sono indicate sul grafico in modo da poter identificare l'intervallo e se si tratta di un calo o di un aumento. È disponibile un software di riconoscimento dei modelli che interpreta i grafici a barre e semplifica le attività.

I giapponesi furono i primi a usare i grafici a candela per tracciare la quantità della loro produzione di riso. Da allora sono diventati sempre più popolari. Sebbene siano simili ai grafici a barre, sono colorati.

Ogni colore funge da codice per indicare l'aumento o la caduta del prezzo. L'indice è scritto sul grafico stesso. Pertanto, i grafici a candela sono molto più facili da usare rispetto alle barre. La grafica della candela ha motivi unici e sono così belli da essere nominati per bellezze naturali. Non appena è possibile identificare il modello particolare, si identificherà la tendenza del mercato.

Un grafico di valuta reale è spesso integrato da molti indicatori tecnici come andamento, forza, volatilità e movimenti ciclici. Un grafico forex è utile in sé, ma queste informazioni di accompagnamento sono fornite per facilitare il tuo compito di analisi del mercato per prevedere sia i movimenti del mercato che il volume del mercato.

Calcolo degli interessi su Forex trading

Una delle cose migliori del trading Forex è il fatto che si può fare trading usando la leva finanziaria, quindi, prendere in prestito fino a 1.000 volte il capitale per fare trading. Tuttavia, prendere in prestito denaro per scambiare valuta estera equivale a prendere in prestito per altri scopi: Gli interessi devono essere pagati sul prestito.

Tuttavia, poiché il trading di valuta comporta sia l'acquisto che la vendita, l'interesse sul prestito può essere compensato dall'interesse guadagnato nella valuta acquistata. Prima di passare ad esempi concreti, diamo un'occhiata ai tassi di interesse in generale, per vedere come influisce sul mercato valutario.

Nelle banche centrali, i tassi di interesse sono fissati secondo la politica monetaria di un paese: tassi di interesse elevati rendono la valuta più costosa da acquistare e tassi di interesse bassi la rendono meno costosa.

Immagina che il governo di un paese con alta inflazione ti aiuterà a capire come vengono utilizzati i tassi di interesse.

Il governo, a causa del rapido aumento dei prezzi, può decidere di aumentare i tassi di interesse. Ciò aumenterebbe il costo della valuta del paese e ridurrebbe la domanda e il consumo, poiché i prestiti sarebbero più costosi.

Ciò, a sua volta, porterebbe alla caduta dei prezzi e dei tassi di inflazione. Allo stesso modo, un paese in recessione potrebbe abbassare i tassi di interesse per rilanciare l'economia del paese, poiché un prezzo inferiore della valuta causerebbe un aumento della domanda e, quindi, dell'offerta.

I tassi di interesse stabiliti dalle banche centrali determinano anche il tasso al quale le banche commerciali possono prendere in prestito dai governi e prestare ai propri clienti, compresi i commercianti di valute. Il che ci dice come i tassi di interesse influenzano questo commercio.

Un operatore che, ad esempio, acquista GBP/USD, deve prendere in prestito i dollari per acquistare le sterline e quindi pagherà gli interessi sull'USD e lo guadagnerà sull' GBP. Se il tasso di interesse fissato dalla Bank of England per la sterlina inglese è superiore a quello fissato dalla Federal Reserve per il dollaro USA, l'operatore guadagnerà di più con le sterline che ha acquistato che con i dollari statunitensi presi in prestito, ottenendo quindi un vantaggio.

Tuttavia, a meno che non vi sia una differenza significativa tra i due tassi di interesse, il risultato netto sarà marginale. Inoltre, mentre i tassi di interesse sono fissati su base annuale, le posizioni di negoziazione sono generalmente aperte per brevi periodi. Questo serve a ridurre significativamente qualsiasi guadagno o perdita nei tassi di interesse.

I vantaggi del trading Forex automatizzato

Al giorno d'oggi, il commercio di valuta è la forma di investimento preferita per un numero crescente di persone. È chiaro perché sia così.

Come il più grande mercato commerciale del mondo, il mercato Forex ha un volume di scambi in costante crescita, che è passato da circa $ 500 miliardi a quasi $ 2 trilioni negli ultimi vent'anni.

Inoltre, poiché non è legato a un particolare piano commerciale, è un mercato insolitamente liquido. Operare 24 ore al giorno lo rende anche un mercato aperto in modo permanente. Pertanto, poiché molti mercati si aprono e si chiudono contemporaneamente, è possibile monitorare efficacemente i mercati di tutto il mondo.

Sia i grandi che i piccoli commercianti sono attratti dal trading Forex. Godono di una vasta gamma di strategie di trading basate sui vari aspetti dei tassi di cambio. Molti trader che entrano nel mercato trovano le diverse cose che influenzano i tassi di cambio molto interessanti per un motivo molto semplice: possono utilizzare una vasta gamma di strumenti quando lavorano in questo mercato eccitante e stimolante.

L'automazione è forse la più grande influenza oggi sulla crescita futura del mercato Forex, in quanto porta con sé più vantaggi che svantaggi. I sistemi manuali che tentano di funzionare in un ambiente frenetico comportano diverse perdite.

Un semplice ritardo nell'acquisto e nella vendita può causare una serie di perdite in un sistema manuale e quindi causare all'operatore un'enorme frustrazione. Il trading Forex automatizzato consente il trading in qualsiasi parte del mondo, in tempo reale, ed elimina le perdite osservate nei sistemi manuali.

Il trading in una vasta gamma di mercati valutari diversi allo stesso tempo, senza preoccuparsi dei fusi orari dei luoghi in questione, è un altro vantaggio offerto dal trading Forex automatizzato. Seduto a New York alle 2 del mattino, puoi fare affari con commercianti di diversi paesi dall'altra parte del mondo, contemporaneamente e con grande facilità. Tutto grazie al trading Forex automatizzato.

La gestione del rischio è spesso fonte di preoccupazione per i trader, ma anche questo è ridotto con il trading Forex automatizzato. I pagamenti ora possono essere sincronizzati in tempo reale e questo lascia gli operatori soddisfatti, diversamente dalle operazioni manuali, dove c'è sempre incertezza sul pagamento effettuato dopo il completamento dell'operazione. Il sistema di negoziazione automatizzato si sta progressivamente sviluppando, portando con sé la speranza che il sistema di regolamento venga aggiornato e che i rischi di mercato scompaiano presto.

Se esiste una tecnologia che ha fatto passi da gigante negli ultimi anni, è la tecnologia informatica. In effetti, si prevede che continuerà a crescere per molti anni. Ancora più importante, i progressi nella tecnologia informatica sono buoni per i trader che vogliono accedere al miglior trading Forex automatizzato.

L'accesso alla tecnologia in modo semplice ed economico dalla comodità delle case dei commercianti significa che possono gestire facilmente i propri investimenti. Pertanto, il trading di valuta automatizzato sarà una gradita aggiunta a un veicolo di investimento pienamente addestrato per coloro che operano nel mondo della valuta.

 STRATEGIE DEL FOREX

Scegliere il giusto software di trading Forex automatizzato

Il trading automatico di valuta ha i suoi vantaggi. Qui tutto ciò che devi fare è seguire i segnali commerciali che vengono generati e se sei in grado di eseguirli con disciplina e se il tuo sistema è logico, puoi facilmente accumulare profitti.

Prima di esaminare i vari modi in cui puoi realizzare un profitto con questo software, diamo un'occhiata a cosa non fare.

Molti trader trovano robot forex online e li acquistano. Ma dovresti essere consapevole che la maggior parte di questi sono pezzi di spazzatura e non sono mai stati scambiati in tempo reale. Dai un'occhiata alla storia e poi al disclaimer. Probabilmente è ipotetico o stimolato e non è un'indicazione sicura di risultati futuri. È strano come qualcuno possa semplicemente fare un test e dire di fare soldi con esso.

Ovviamente, fanno soldi per il venditore, ottengono la vendita del software e il commerciante viene montato sul mercato. Nessuno ottiene $ 100.000 di reddito annuo per $ 100.000. Non guadagnerai mai denaro da questi sistemi stimolati, quindi cerca di starne alla larga.

Diamo un'occhiata ora a come viene effettuato il trading automatico di valuta nel modo corretto e discutiamo le opzioni.

Acquista un sistema con una cronologia che è stata verificata per due anni. Potrebbero non essere economici, ma possono pagare da soli molte volte. Devi solo assicurarti di comprendere e concordare con la logica prima di iniziare a usarla.

Prova i sistemi gratuiti. Cerca i nostri altri articoli per saperne di più e ti renderai conto perché questo è un ottimo posto per iniziare la tua carriera di trading forex automatizzato.

Vai avanti, costruisci il tuo. Questo è più facile di quanto sembri. È anche un modo migliore di operare perché se costruisci e personalizzi il sistema, acquisirai più sicurezza e sarai in grado di operare con disciplina, anche durante i periodi di perdita.

Se decidi di costruire un sistema da solo, lo abbiamo coperto nei nostri articoli. Ma il modo migliore per farlo è scambiare focolai, con nuovi massimi o minimi, avere indicatori di momentum per cronometrare i movimenti e concentrarsi sulle tendenze a lungo termine. Più semplice, meglio è. Ciò ti consentirà di far fronte alle mutevoli condizioni del mercato. Riempirlo con troppi indicatori potrebbe rovinarlo.

Una volta che possiedi un sistema, ottieni un pacchetto software forex, programma le regole e sei pronto.

Tieni presente che tutti i sistemi di negoziazione di valuta, compresi i migliori, subiranno perdite che possono continuare per un lungo periodo di tempo. È necessario continuare a operare fino a quando non si esegue una corsa a casa e, a causa di questa disciplina e gestione del denaro, è necessario.

Se il tuo sistema è composto per il 50-100% annualmente, fai parte del miglior software di trading forex automatizzato e puoi negoziare i mercati e goderti il successo del trading di valuta.

Visita la nostra pagina degli autori su Amazon! E ottenere più libri di MENTES LIBRES!

https://www.amazon.it/MENTES-LIBRES/e/B08274DDV4?ref_=dbs_p_ebk_r00_abau_000000

Se lo desiderate, potete lasciare il vostro commento su questo libro cliccando sul seguente link in modo che possiamo continuare a crescere! Grazie mille per il vostro acquisto!

https://www.amazon.it/dp/B089PQSK4X

www.ingramcontent.com/pod-product-compliance
Lightning Source LLC
Chambersburg PA
CBHW050256220526
45465CB00002B/699